陳福成著

陳福成著作全編

第十九冊 「外公」與「外婆」的詩

文史哲出版社印行

國家圖書館出版品預行編目資料

陳福成著作全編 / 陳福成著. -- 初版. --臺北
市：文史哲,民 104.08
頁： 公分
ISBN 978-986-314-266-9（全套：平裝）

848.6 104013035

陳福成著作全編

第十九冊 「外公」與「外婆」的詩

著　者：陳　福　成
出版者：文　史　哲　出　版　社
http://www.lapen.com.tw
登記證字號：行政院新聞局版臺業字五三三七號
發行人：彭　正　雄
發行所：文　史　哲　出　版　社
印刷者：文　史　哲　出　版　社
臺北市羅斯福路一段七十二巷四號
郵政劃撥帳號：一六一八〇一七五
電話886-2-23511028・傳真886-2-23965656

全 80 冊定價新臺幣 36,800 元

二〇一五年（民一〇四）八月初版

ISBN 978-986-314-266-9 08981

陳福成著作全編總目

壹、兩岸關係

①決戰閏八月
②防衛大台灣
③解開兩岸十大弔詭
④大陸政策與兩岸關係

貳、國家安全

⑤國家安全與情治機關的弔詭
⑥國家安全與戰略關係
⑦國家安全論壇。

參、中國學四部曲

⑧中國歷代戰爭新詮
⑨中國近代黨派發展研究新詮
⑩中國政治思想新詮
⑪中國四大兵法家新詮：孫子、吳起、孫臏、孔明

肆、歷史、人類、文化、宗教、會黨

⑫神劍與屠刀
⑬中國神譜
⑭天帝教的中華文化意涵
⑮奴婢妾匪到革命家之路：復興廣播電台謝雪紅訪講錄
⑯洪門、青幫與哥老會研究

伍、詩〈現代詩、傳統詩〉、文學

⑰幻夢花開一江山
⑱赤縣行腳・神州心旅
⑲「外公」與「外婆」的詩
⑳尋找一座山
㉑春秋記實
㉒性情世界
㉓春秋詩選
㉔八方風雲性情世界
㉕古晟的誕生
㉖把腳印典藏在雲端
㉗從魯迅文學醫人魂救國魂說起
㉘六十後詩雜記詩集

陸、現代詩（詩人、詩社）研究

㉙三月詩會研究
㉚我們的春秋大業：三月詩會二十年別集
㉛中國當代平民詩人王學忠
㉜讀詩稗記
㉝嚴謹與浪漫之間
㉞一信詩學研究：解剖一隻九頭詩鵠
㉟囚徒
㊱胡爾泰現代詩臆說
㊲王學忠籲天詩錄

柒、春秋典型人物研究、遊記

㊳山西芮城劉焦智「鳳梅人」報研究
㊴在「鳳梅人」小橋上

總序：陳福成的一部文史哲政兵千秋事業

陳福成先生，祖籍四川成都，一九五二年出生在台灣省台中縣。筆名古晟、藍天、司馬千、鄉下人等，皈依法名：本肇居士。一生除軍職外，以絕大多數時間投入寫作，範圍包括詩歌、小說、政治（兩岸關係、國際關係）、歷史、文化、宗教、哲學、兵學（國防、軍事、戰爭、兵法），及教育部審定之大學、專科（三專、五專）、高中（職）等各級學校國防通識（軍訓課本）十二冊。以上總計近百部著作，目前尚未出版者尚約二十部。

我的戶籍資料上寫著祖籍四川成都，小時候也在軍眷長大，初中畢業（民57年6月），投考陸軍官校預備班十三期，三年後（民60）直升陸軍官校正期班四十四期，民國六十四年八月畢業，隨即分發野戰部隊服役，到民國八十三年四月轉台灣大學軍訓教官。到民國八十八年二月，我以台大夜間部（兼文學院）主任教官退休（伍），進入全職寫作高峰期。

我年青時代也曾好奇問老爸：「我們家到底有沒有家譜？」

他說：「當然有。」他肯定說，停一下又說：「三十八年逃命都來不及了，現在有個鬼啦！」

兩岸開放前他老人家就走了，開放後經很多連繫和尋找，真的連鬼都沒有了，茫茫無垠的「四川北門」，早已人事全非了。

但我的母系家譜卻很清楚，母親陳蕊是台中縣龍井鄉人。她的先祖其實來台不算太久，按家譜記載，到我陳福成才不過第五代，大陸原籍福建省泉州府同安縣六都施盤鄉馬巷。

第一代祖陳添丁、妣黃媽名申氏。從原籍移居台灣島台中州大甲郡龍井庄龍目井字水裡社三十六番地，移台時間不詳。陳添丁生於清道光二十年（庚子，一八四〇年）六月十二日，卒於民國四年（一九一五年），葬於水裡社共同墓地，坐北向南，他有二個兒子，長子昌，次子標。

第二代祖陳昌（我外曾祖父），生於清同治五年（丙寅，一八六六年）九月十四日，卒於民國廿六年（昭和十二年）四月二十二日，葬在水裡社共同墓地，坐東南向西北。陳昌娶蔡匏，育有四子，長子平、次子豬、三子波、四子萬芳。

第三代祖陳平（我外祖父），生於清光緒十七年（辛卯，一八九一年）九月二十五日，卒於（年略記）二月十三日。陳平娶彭宜（我外祖母），生光緒二十二年（丙申，一八九六年）六月十二日，卒於民國五十六年十二月十六日。他們育有一子五女，長子陳火，長女陳鑾、次女陳燕、三女陳蕊、四女陳品、五女陳鶯。

以上到我母親陳蕊是第四代，到筆者陳福成是第五代，與我同是第五代的表兄弟姊妹共三十二人，目前大約半數仍在就職中，半數已退休。

寫作是我一輩子的興趣，一個職業軍人怎會變成以寫作為一生志業，在我的幾本著作都詳述（如《迷航記》、《台大教官興衰錄》、《五十不惑》等」。我從軍校大學時代開始寫，從台大主任教官退休後，全力排除無謂應酬，更全力全心的寫（不含為教育部編著的大學、高中職《國防通識》十餘冊）。我把《陳福成著作全編》略為分類暨編目如下：

壹、兩岸關係

①《決戰閏八月》②《防衛大台灣》③《解開兩岸十大弔詭》④《大陸政策與兩岸關係》。

貳、國家安全

⑤《國家安全與情治機關的弔詭》⑥《國家安全與戰略關係》⑦《國家安全論壇》。

參、中國學四部曲

⑧《中國歷代戰爭新詮》⑨《中國近代黨派發展研究新詮》⑩《中國政治思想新詮》⑪《中國四大兵法家新詮：孫子、吳起、孫臏、孔明》。

肆、歷史、人類、文化、宗教、會黨

⑫《神劍與屠刀》⑬《中國神譜》⑭《天帝教的中華文化意涵》⑮《奴婢妾匪到革命家之路：復興廣播電台謝雪紅訪講錄》⑯《洪門、青幫與哥老會研究》。

伍、詩〈現代詩、傳統詩〉、文學

⑰《幻夢花開一江山》⑱《赤縣行腳・神州心旅》⑲《「外公」與「外婆」的詩》、⑳《尋找一座山》㉑《春秋記實》㉒《性情世界》㉓《春秋詩選》㉔《八方風雲性情世界》㉕《古晟的誕生》㉖《把腳印典藏在雲端》㉗《從魯迅文學醫人魂救國魂說起》㉘《60後詩雜記詩集》。

陸、現代詩（詩人、詩社）研究

(67)《政治學方法論概說》(68)《西洋政治思想概述》(69)《中國全民民主統一會北京行》(70)《尋找理想國：中國式民主政治研究要綱》。

拾參、中國命運、喚醒國魂

(71)《大浩劫後：日本311天譴說》、《日本問題的終極處理》(72)《台大逸仙學會》。

拾肆、地方誌、地區研究

(73)《台北公館台大地區考古・導覽》(74)《台中開發史》(75)《台北的前世今生》(76)《台北公館地區開發史》。

拾伍、其他

(77)《英文單字研究》(78)《與君賞玩天地寬》（別人評論）(79)《非常傳銷學》(80)《新領導與管理實務》。

我這樣的分類並非很確定，如《謝雪紅訪講錄》，是人物誌，但也是政治，更是歷史，說的更白，是兩岸永恆不變又難分難解的「本質性」問題。

以上這些作品大約可以概括在「中國學」範圍，如我在每本書扉頁所述，以「生長在台灣的中國人為榮」，以創作、鑽研「中國學」，貢獻所能和所學為自我實現的途徑，以宣揚中國春秋大義、中華文化和促進中國和平統一為今生志業，直到生命結束。我這樣的人生，似乎滿懷「文天祥、岳飛式的血性」。

抗戰時期，胡宗南將軍曾主持陸軍官校第七分校（在王曲），校中有兩幅對聯，一是「升官發財請走別路、貪生怕死莫入此門」，二是「鐵肩擔主義、血手寫文章」。前聯原在廣州黃埔，後聯乃胡將軍胸懷，「鐵肩擔主義」我沒機會，但「血手寫文章」的

「血性」俱在我各類著作詩文中。

人生無常，我到六十三歲之年，以對自己人生進行「總清算」的心態出版這套書。

回首前塵，我的人生大致分成兩個「生死」階段，第一個階段是「理想走向毀滅」，年齡從十五歲進軍校到四十三歲，離開野戰部隊前往台灣大學任職中校教官。第二個階段是「毀滅到救贖」，四十三歲以後的寫作人生。

「理想到毀滅」，我的人生全面瓦解、變質，險些遭到軍法審判，就算軍法不判我，我也幾乎要「自我毀滅」；而「毀滅到救贖」是到台大才得到的「新生命」，我積極寫作是從台大開始的，我常說「台大是我啟蒙的道場」有原因的。均可見《五十不惑》、《迷航記》等書。

我從年青立志要當一個「偉大的軍人」，為國家復興、統一做出貢獻，為中華民族的繁榮綿延盡個人最大之力，卻才起步就「死」在起跑點上，這是個人的悲劇和不智，正好也給讀者一個警示。人生絕不能在起跑點就走入「死巷」，切記！切記！讀者以我為鑑！在軍人以外的文學、史政有這套書的出版，也算是對國家民族社會有點貢獻，對自己的人生有了交待，這致少也算「起死回生」了！

順要一說的，我全部的著作都放棄個人著作權，成為兩岸中國人的共同文化財，而台北的文史哲出版有優先使用權和發行權。

這套書能順利出版，最大的功臣是我老友，文史哲出版社負責人彭正雄先生和他的夥伴們。彭先生對中華文化的傳播，對兩岸文化交流都有崇高的使命感，向他和夥伴致上最高謝意。

台北公館蟾蜍山萬盛草堂主人　陳福成　誌於二〇一四年
五月榮獲第五十五屆中國文藝獎章文學創作獎前夕

關於「外公」和「外婆」的詩：現代異化社會的詩鏡寫實觀察與詩說

從政治學觀察，說現代社會是多元社會；社會學家則說，現代社會是異化社會。

我統合研究，現代社會是西方資本主義爲核心價值的民主政治擴張的結果。所謂「民主」或「民主政治」全是假相，資本主義才是真相，而支持這個真相的，便是進化論。所以，民主社會走到最後的果，是重回原始叢林，追其源頭的因，正是進化論和資本主義。

現代社會（如台灣）尚未走到最後的果，但已極爲異化（或顛覆）。現有有點年紀的公婆輩無不認爲，傳統優良的論理道德，在新一代人身上看不見了；包含本書用「詩鏡」對現代社會的寫實觀察，也發現傳統婚姻制度即將瓦解！

除了「多元成家方案」外，社會上普遍流行著小王、小三、外公、外婆等氣氛，也成爲八卦笑話！

本書以「外公」、「外婆」爲主題，深入觀察，以「詩鏡」寫實。所以，每一首詩是所見、聽、看、知的「個案論述」，只是吾人用詩語言表達出來。

每一首詩中的外公、外婆，到底是何種公婆？並無明確定義，完全由讀者自由心證，因爲詩，不是拿來定義、解釋的。

每一首詩的外公、外婆，到底是真是假！也沒有可靠的答案，完全由讀者領會感受，因爲詩，也不是拿來論證的。

本書所有作品除極少舊作，大多作於二〇一三年間。這年的十二月，三月詩會各詩人以「外公、外婆」爲主題，熱烈發表、討論，爆笑有之，疑惑有之……所謂進化論、民主政治、資本主義是啥？如何把現代社會異化？那些太沉重了！我們才不管，我們盡情的玩、盡情的弄，用詩來玩一切！

真的，我們這些公婆大解放，詩也解放，我們玩這個時代，弄這個社會，我們主控玩弄權，絕不被玩弄。

本書之問世心態，本質上是對現代社會的外遇現象，進行客觀的觀察研究，並以詩語言書寫表述，附件「現代社會外遇思潮研究」一文，和本文的詩作，講的其實是同一件事，只是呈現貌相不同。

有人問：「這首詩是在說△△嗎？」我答：「是他嗎？」也許是讀者你自己，到底是誰？每一首詩都有存在的「個案」，是誰？誰都可以對「詩」入座！

本書書寫的動機，除了用「詩鏡」觀察現代社會，也有濃厚的反思、批判、質疑、提問；而對於那些小三、小王、外公、外婆的個案，即不肯定，也不否定，畢竟那是大千世界的一些現象，二分法並不能解釋世間之萬象。

三月詩會的「外公外婆」量不足，只成一輯，均供讀者反思、雅賞。

（台北公館蟾蜍山萬盛草堂主人　陳福成　二〇一三年十二月底）。

「外公」和「外婆」的詩
——暨三月詩會外公外婆詩

目 次

第三輯　外婆的秘密……………………一一三

本書作者與妻在武陵農場，2013.9.11。

好友同遊武陵農場，2013.9.11。

一信詩學研討會，最右是彭正雄，正中紅衣是一信。

左起：俊歌、林錫嘉、一信、落蒂、陳福成。

一信詩學研討會

上圖：一信詩學研討會
左圖：一信先生

從天上掉下一座文藝獎，二〇一四，「五四」文藝節。

雪飛在碧潭橋上，二〇〇九年九月

潘皓（左）和雪飛（右）

雪飛（左）和蔡信昌（右）

大人物詩友群：左起，范揚松，徐文靜、陳福成、方飛白、吳明興

一群革命伙伴

這裡不是寒山寺

一群文友在台客（左一）家裡

二〇一〇年十一月五日，在西安
兵馬俑現場

大人物文友群在新竹寶山吳家業（右）的山地農場

大人物文友群在新竹寶山吳家業（右三）的山地農場小屋內

傅予

傅予，在福建永定古樓

狼跋，蘇州拙政園

狼跋在倭國京都

2006 年 10 月 9 日，雪飛在反扁大舞台上，左邊是本書作者陳福成

狼跋在北京大觀園內

狼跋與詩友 Bill

第一輯　外公外婆刀劍錄

張幼儀和徐志摩合影

外公外婆刀劍錄

外公雖有點年紀
武功還在　他善於用劍
往昔劍不虛發　見血封喉
叫誰閉嘴誰就閉嘴
要擺平誰就必能擺平誰
只是他現在早已沒有用劍的對象了
連練劍的對象也沒有
他已經按耐不住
氣憋著不發會重傷筋脈
這天他決心乘兒女們回來好好出劍

重溫劍法與功力
他抓住一個教訓的機會
劍光出鞘
並用身口意增強勢道
電光石火間　劍如空出
只刺中一個空間和影子
影子在譏笑
空間也一副不在乎的模樣
外公氣得當場吐血　倒下

而外婆也不是省油的灯
她以前善於用刀
刀刀見血
親朋好友左鄰右舍常被她殺得遍體鱗傷
人稱　鬼婆刀

只是她現在忍一忍　收刀好久了
也因為大家都躲得遠遠的
她也耐不住性子
決心再次出刀
這天乘兒女都回來了
她抓住一個不爽的機會瞬間出刀
不料雪亮的刀飄然才一飛出
竟被一種現代很邪門的武功氣勢逼回
刀尖竟回頭指向外婆的心臟
幸好外婆功夫底子仍有
千鈞一髮間往旁邊一閃
免死
但也氣得血壓上升中風臥床
現在外公外婆只能躺在床上回憶

回憶他們往昔的刀劍傳奇
奇俠夫妻如何主持武林正義
懷念他們位高權重能呼風喚雨
武林中一片祥和 俠者仁心
社會上一片和諧 人存友愛
家族中長幼有序 重視倫理
如今
一切都顛覆了
一切都崩盤了
江湖無道 武林無義
俠魔不分 陰陽無別
黑白兩道都無道
外公和外婆不忍再想下去
也不敢再回憶
當江湖只剩下一張床

當武林只剩下一口氣
那刀和劍
就放下吧

可憐的外公和外婆

外婆叫李寃枉，真是寃枉
據外公說她本來叫李鴛鴦
報戶口時不會講，戶政人員聽成李寃枉
後來也沒改，一直叫到大
外公叫王土牛
出生時算命仙說他缺土
牛又是最寶貝的財產
就叫土牛，將來一定財子壽
外公也真的應了算命仙的財子壽預言

他和外婆雖都不識字沒讀冊
一輩子努力耕田種地省吃儉用
卻從年青的幾分薄田到後來的十甲土地
還有兩兒兩女，兩兒還是洋博士
兩女也是某大畢業，現在是小企業主
外公和外婆同齡，今年都八十八歲了
七十歲前人生算是彩色的，以後變黑白
再來是灰色
現在甚麼顏色都看不見了

外公從小種田很窮很苦很累
他希望大兒子讀冊考狀元
得功名做大官
不惜賣兩甲地讓他出洋讀冊
讀到牛津博士，畢業後

在牛津當教授，他寫信回家
「我在牛津很好……」
外公氣壞了，叫他讀冊
他在賣牛筋，千萬不要殺牛
讀信的人忙給外公解釋……
外公知道牛津的好
二兒子也去了牛津，賣了三甲地

後來大女兒說要開公司賺大錢
小女兒說要開辦幼稚園
外公說反正老了種不動了
也不希望下一代再來種田
田都賣了給女兒做大事業賺大錢
大家講好孝順父母
讓兩老過舒服的晚年

外公和外婆快九十大壽了
兩老已在養老院待了二十多年
起先兒女每年輪流來
後來久久才來一次
最近七八年都沒人來
外公和外婆現在記性很差
眼睛看不到顏色
外婆每天問外公：兒子來嚒
外公每天都說：他忙著賣牛筋
賣完就回來了

下午日頭西斜
義工推著輪椅讓兩老在院子晒太陽
院子外兩支電線桿的影子

慢慢走進來
外婆問外公：兩個兒子來了
外公說：賣完牛筋就回來
冤枉啊！冤枉！

外公外婆的除夕

除夕場景像極了人的一生
從熱鬧繽紛到歸於平靜死寂
死寂的十年
十年死寂的晚景
兩老默默守著孤獨
嚮往、思念還是有的

好想再叫雙腳漂泊遠方
把深藏心中的思念解放
不讓淚水伴死寂肆意流淌

除夕點燃夢想的煙火
絕不干心、死不干心
老伴，叫我們的思念感天動神
讓思念長出翅膀
飛到大洋的那一邊
再看他們一眼
來年的除夕都不再死寂

除夕夜燃起夢想燒掉憂傷
無端的傷害苦痛會慢慢去除淡忘
老伴，放下憂傷就能長出翅膀
在天空飛翔
莫被死寂緊綁

外公外婆話無奈

榕樹下一群老友說八卦
有人問外公現在忙啥
白天沒鳥事
晚上鳥沒事
床是唯一最親熱的情人

又有人問外婆每日幹啥
白天孫子上學去，一個屋子
空洞洞
晚上死鬼睡得比豬熟
洞，空空

外婆要洗衣服

外公和外婆年青時約好密語
要那個那個就説要洗衣服
他們正當盛年時洗衣甚勤
隨著年長愈來愈少洗
洗不動或不想洗吧
外婆實在太久沒洗了
好想洗一下　忍不住問
「你多久沒洗衣服了？不衛生」
「沒水怎麼洗？」外公説
……

外婆的說法

人生的四季
遲早要過寒冬
殘冬也終究有個結束
外婆自在的把後事交給佛
她早已了然大師的說法
生死都不是最後的終站
許多的站連接成三世因果

回首這一世也走過很多站
站站有冷熱風光和奇景

但不論溫熱或寒冰　孤寂或燦爛
都丟入每一站的舊蒼庫中
不帶走一切
任由「業」帶她走
帶走的，是這輩子愛的積累

註：這位外婆是佛教徒，三世因果和業是佛教重要的基本思想理論。

外公外婆相約在春天

外公外婆相約在春天
那夜，外婆，妳是那麼的希臘
早春的窗
望出一景寒意
稀稀疏疏的梅，祇有
露水
滋潤的青葉欲滴
卻還不見百花爭艷的山景

外公外婆相約在春天

那夜，百花如酒
外婆，妳是那瓶最香最純的紅葡萄酒
有妳，就把這裡渲染成
春城無處不飛花
映了妳燕脂胭紅
唇唇相印

外公外婆相約在春天
那夜，妳蕩漾的笑顏
犯濫了一山紅花綠葉
分泌出一泓放恣春水
整夜是一谷沆溶的水聲
春天來了
在有雨輕霧的早晨
一株鮮紅的睡蓮醒了

春風愛撫
好讓春暖更映紅，紅了妳雙頰的
紅海

外公外婆相約在春天
那夜，我們共享來自地心真誠溫熱的款待
溫潤的氤氳，是妳的一顆芳心
溫滑的凝脂，是妳的身子
溫熱的夜，讓妳一陣陣喘息
又如往昔，春天一氾濫就不可收拾
溫存的深度，無底的深淵
忐忑的心在不斷的吸納與蔓延
濃稠纏綿的嫵媚
溶成一池溫泉

外公外婆相約在春天
那夜，愛俏的妳
引得滿山春花，都花枝招展，招風引蝶
整山春酒，多情的酒店
妳一不小心就醉成
一隻沈睡的蝴蝶
我一捏
狡黠的春色在窗外偷窺

外公外婆相約在春天
那夜之後，妳說
春天結束了
我獻妳以春霖夏雨、秋收冬藏
妳竟切了我
一片片心

下酒

外公外婆的春天不再
何時再能諦視妳春漾的酒渦？
何月再能諦聽妳嫋嫋妖嬈的鶯歌？
何年再有春風撫動那一叢鬱蓊的墨綠？
撩撥那一井淵淵其淵的春水？

外公外婆的春天結束了
或許，為歡一春
已是永恒的希臘
剩下的祇是死海

晚節：住在養老院的外公外婆

傳宗接代

兩老不想再炒那盤一直炒不熱的
冷飯
死心，夢想到了夜晚隨夢翅膀飛走
愛，只限兩床之間
兩床間，寬如銀河
想想，棒子從久遠以前傳來
現在怎傳不下去
能獲得傳承的

只有遺產

荒謬荒榛

視線所及，荒梗斷榛
荒謬，放一把火燒了兩床間的草原
燒出一條通道
使寂寞的蛇自由游走於兩床之間
所有的成家立業只剩下晚節
即將失憶失智和失志之際
企圖在荒謬荒榛的枯草腐土中
再感受最後一次悲傷和愛

晚節不保

外公外婆一輩子辛苦成家立業
一直想著要保住晚節

但終究晚節不保
爭奪的欲火竟在短期內一發不可收拾
不受節制的火，家業如山倒
家被肢解，業被篡竊
一個世界重回洪荒
洪荒，在兩床之間
不干心的呼吸著
死亡的腐溼氣味

外婆的遺言

趁著還沒坐上通往天堂的末班車
先把銀行的事交待好
房產地產權狀，少許金銀細軟
沒用掉的都是遺產
全在台灣銀行的保險箱裡
密碼是我和你爸身份證號末二位
鑰匙在客廳外公遺像的像框內

回憶媽媽這一生
最大的成就和安慰都在你們身上

這輩子也真是夠忙了
忙著逃難
安定後又忙著打理你們的食衣住行和一切
留住你們所有的回憶
記錄你們所有的記憶
這些，全在大書櫃最底層
你們要學會自己料理負責

媽媽前半生在逃難中度過
有許多遠行經驗
最清楚遠行要怎樣打理
但這回
只我一人上路，不帶任何細軟
也不扶老攜幼
備好要穿的衣鞋

得要你們打理了
記得，媽媽還是愛漂亮
還是要打扮得美美的
才要出門　上路

以上是外婆的遺言
外婆生長在一個偉大的時代
所以外婆很偉大
是比老師爸爸媽媽更偉大的人

牽外婆的手

愛的波流在深海底潛行疾奔
愛的浪潮在江河上淘湧翻滾
要牽住誰的手
濤浪般在掙扎
偶然
牽住外婆的手走向一個風平浪靜的
理想國
只要牽住妳的手
理想國的一天便是一生

上午的滿山青絲綠野百花春
換作下午一片霜白寒冬
就是人生的自我實現

啊，人生，要牽住誰的手
你牽了一輩子獅爪虎掌
這回你牽對了手
這片刻，是永恆
已是你的人生和生命的全部

外公外婆想媽媽

九十二歲的外婆坐在地上喃喃自語
想媽媽，媽媽呀媽媽……
九十五歲的外公躺在床上兩眼瞪著
天花板，也唸著
媽媽妳在那裡？我要找媽媽……
所有的人都在叫媽媽……
媽呀！
這一輩子腦中所有收藏的寶物

都遺失
只剩媽媽，媽媽⋯⋯⋯
深夜，是一首悲愴的史詩
驚天地，泣鬼神
神人同哭
哭，你們的長壽是我們的災難

我靜觀
思索脫困之道
於是，策動一群意象
建構詩國
以詩境救贖
救贖外公外婆和大家的災難
災難即救贖

外公外婆的節慶

老來才頂著兩個太陽
不怕太熱
熱得好，熱的心花朵朵開
開回了年青的時代
重拾青壯的熱情
情，漲滿血管再一次澎湃

放眼看去紅塵滾滾　人海茫茫
校園的孩子們奔命於各補習班
離開校園的在職場內外浮沉

都在叫苦連天
只有我們這些公婆吃喝玩樂
悠悠揚揚　爽爽快快
一年四季都是重陽節
每天都有兩個太陽
公園裡一堆堆老人聊八卦
你看，春艷和秋光重回他們臉上
許多記憶猶新的夢想已在現場重逢
每株老樹也在飄香
抬頭望
隱隱約約的花瓣閃著微笑的眸光
啊！樹上開花
開花的，都是一株株老樹
現代大叢林都是屬於公婆的

老公老婆已結成大叢林
叢林天天開花
為慶祝這個屬於我們的時代
時代老人與老人時代的節慶

二〇一三年重陽節誌

想飛的外公

外公是開飛機的
開了一輩子飛機　退休後
天空仍緊緊的抓著他不放
像一個難纏的小三
要和元配爭奪大位
又像難忘的初戀情人
外公一直想要飛出去
飛上天空

送一隻猛鳶上雲端，雙手緊握

一條線，掌控雄鷹的飛行平安
越飛越高　越飛越遠
看熱鬧的小朋友都是我機上的乘客
誰說老了不能飛
飛啊飛啊　老飛俠
飛啊飛啊　老飛俠
外公又緊緊抓住了他的天空

二〇一三年十二月七日．三月詩會　陳福成

老婆和外婆

老婆的天命
就是老
老，誰都不喜歡
何況，舊了
更不想用

你多久沒給外婆的壓歲錢
你罵我封建　落伍
原來你有了新外婆
外婆外婆老是在外

在外，遠遠的外面
遠處的和尚會念經
那經，多麼動聽
念得骨頭也軟了

為什麼老婆念經很討厭？
為什麼外婆念經超動聽？

二〇一三年十二月七日・三月詩會　陳福成

外公外婆愛的誓言

愛，不在五星級浪漫豪華的民宿香床上
愛，不在頂級汽車旅館的玫瑰花浴池中
不在一件件性感的情婦內衣
不在金銀財寶鑽石瑪瑙和名牌包
不在情話綿綿　整夜黏黏
也不在連夜的會戰
再加一回拂曉攻擊

愛，在早睡早起　八卦散步
愛，在靈山拈花　欣賞無言

在生活平淡　品酒看報
在黃昏　依靠的兩個身影
在回憶中靜靜共賞美景
或聽經聞法後吃一頓素齋
而我們的晚餐只是地瓜配地瓜葉

一個淺淺的吻是夢鄉中
最偉大的戰役

二〇一三年十二月七日．三月詩會習作．　陳福成

第二輯　外公啟蒙記

夏夢
中國电影有史以来
最美女星

外公啓蒙記

（一）推倒一面牆

外公年青的時候
拼命建設一道道牆
在牆內構築一座理想國
所要的，所有的，都有了
但年紀愈大愈想把一道道牆拆除
最好現在就推倒移除它

這牆

往昔建構理想，現在阻隔理想
以前保護所要，如今排除想要
更可怕的
陽光再也不進牆內
牆內一天比一天黑
牆內的理想國成了失樂園
讓這牆倒下吧

外公啓蒙記

(一) 找到舊情人

牆倒下後
外公的世界變得無限寬廣
他游走十方三世
他搜尋
公開的高聲唱起情歌
青春的悸動又回來了
有幻一般的跨世紀神奇之旅
進到外公的夢裡

莫非就是消逝半個多世紀的情人
我乾枯孤寂的心田
又有綠樹百花生香
我確信
那就是妳

外公啓蒙記

(三) 聽經聞法

外公深覺自己層次太低
悟性不足
決心到佛光山聽經聞法
某日，大師開示：
「觀自在菩薩　行深般若波羅蜜多時
照見五蘊皆空
人在天堂錢在銀行　揭諦揭諦　波羅揭諦
錢用掉才是自己的　波羅僧揭諦

沒用的都是遺產　菩提薩婆訶
超過生活必需也是遺產
阿彌陀佛」

外公瞬間頓悟

年頭變了

年頭全變了
本尊外公沒人理他
有啦！一年回去拿一次壓歲錢
給少了還不滿

隱形外公到處有
成了新流行
經常有外婆以密碼呼叫
「外公外公請注意
董事會在老地方按時開」
經秘書兼外婆解碼是
一日不見如隔三秋

恐怖外婆

她的專業是找機會當外婆
準外婆也行
所以這位外婆開起了「外婆」公司
以專業精神
切割市場
搜尋一種可以當「外公」的產品
這種產品利潤高的不得了
目前外婆正在營業的產品有28種
李哥哥、王大哥、達令張、劉少爺、陳董

趙小哥、黃委員、楊總、周Sir、吳哥
徐局長、孫主席、胡校長、朱相公、小羅
林議員、何達令、郭小開、高王爺、小馬
梁兄哥、鄭教授、謝小生、韓經理、宋兄
唐老爺、馮將軍、于上校

他們目前的產品區隔大約不外
潛外公、準外公
有幾位出得起大錢　利潤極高的
即將進昇外公
業務發展的極快
不知道為什麼這麼多男人想當我的外公
我得多請幾位秘書
也算幫社會解決就業問題

註：二〇一三年十月二十七日，新聞報導一位姿色甚佳女子，同時「經營」二十八位男人，從這些男人身上A了上千萬錢財。她請兩位秘書專門記錄每一位男人狀況、進度，獲利潤共享，真是恐怖外婆，外公們得要小心才好。

外公王金平傳奇

(一) 他是大家的外公

外公大家都叫他小王
我們都是小王養大的
外公通過預算我們才有得吃
所以小王是很多人的外公
外公心量寬大錢可包山包海

無數的人是外公養大的
許多媽媽出嫁、爸爸娶妻、生兒育女

外公都親自到場祝賀
小王真是很多人的外公
我就叫他外公

外公是真正的大好人
宇宙間沒有他的敵人
因為所有的人對他而言
都是有用的
有用的東西絕不能浪費

外公王金平傳奇

（一）養狗專家

在外公眼裡
人民都是犬類
一黑二黃三花四白五藍六綠
好好的餵祂們
不論顏色　全都要餵
餵以錢財色利或好位置
好好的養牠們

不論大小　全都要養
大的要養得更大更壯
然後，等機會用
做一鍋鍋好料
好料可以養更多犬種

當然，有些留著看門
有些留著咬人

外公王金平傳奇

（三）鬼屋中的小王和小三

這是一座豪華的鬼屋
來自各方的鬼都在這裡喬事
主持其事者正是外公
他們若不把預算喬過去
這裡所有人就沒得吃
因為所有的人都靠鬼吃飯
能在鬼屋當利委都是狠角色

但不知為什麼
幹任何活　喬任何事
都像小三
小王和小三在一起能幹啥？
只能鬼鬼崇崇

外公王金平傳奇

（四）鬼屋大家長

這座豪華大鬼屋
住的雖是小王小三之流
可都是各方大角頭
眾鬼之首正是小王
小王也是鬼王

鬼王什麼都能吃
所有的鬼都要買他的帳

外界絕大多數人都吃他那一套
他夠厲害吧　他有句名言
「黑白兩道正邪善惡都好與我為友」

外公正是鬼屋大家長

外公王金平傳奇

（五）吸血鬼王

在外公眼裡
不論是屋裡那些來自各黨派的鬼
或外界那些人
都不過是一灘灘血
一灘灘可以資養小王色身的血液

外公長袖善舞，包山包海
縱橫各界，須要龐大能量

因此他急須很多很多的血
日夜不斷地吸血喝血
吸盡全島眾生血

當然，也有要自願供養鬼王的

外公王金平傳奇

（六）外公不是人

外公真神
外公無所不能
無所不會
尤其善於喬事
任何事到他手上都迎刃而解
他有求必應
他能讓餓鬼吃飽
能滿足妖魔所有慾望

能叫上帝閉嘴
外公是我心中的神
超神
外公不是人

外公王金平傳奇

(七)讓我的孩子叫他曾外公

外公很忙
每天在鬼屋內外喬天下大小事
不分公私事他都喬
也接見各方有頭有臉的鬼神妖魔
沒頭沒腦的也會看看
真是了不起
希望我長大出嫁時
外公也來主持我的婚禮
讓我的孩子叫他曾外公
外公永垂不朽

外公王金平傳奇

(八) 外公心中想什麼

外公王金平心中想什麼
我最清楚
因為我叫他外公
他最想騎馬
偏偏碰到一隻長龜毛的天馬
他只好利用各色人種
幫忙牽馬、制馬
企圖掌控韁繩

他才能安心騎馬
可惜他碰到的不是普通馬
很難纏
一不小心
可能會被一腳踢死

外公馬英九傳奇

（一）小馬非馬

大家都叫外公小馬
粉絲叫他馬哥
實際上他比較像一頭牛
牛得很，超牛的
尤其站在公平正義這邊
在公私分明之際
黑白是非之間
依法行政之內
他是最牛的釘子户

外公馬英九傳奇

（一）修行境界

外公馬哥的修行很淡定
乃至禪定
排山倒海的罵聲
只是獅群對一座山吼叫
萬千唾沫飛來
沾滿銅牆鐵壁的臉皮上
自乾　自掉
外公不言

莫言，才能拿諾貝爾獎
在春秋的高度　四不一沒有
不落言狀　不立文字
不回答那些廢話
不理會那些廢物
沒有例外

外公馬英九傳奇

(三) 鞋彈攻防戰

外公馬英九超絕　神奇的絕
黑白兩道都痛恨他
痛恨他不和黑白兩道一起混
邪魔神鬼都想整垮他
整垮他各方才有稱霸的機會
偏偏他有金鐘罩護體
誰也不能徹底搞垮他

現在連一些小鬼縮鼈也加入戰局
以爛鞋、破鞋製成巡弋飛彈
轟他、炸他、幹他、吃他
就是吃定了他
小馬也不是省燈的油
架起飛彈防禦系統
捕獲一隻隻飛來的鳥兒

這個島重回洪荒叢林
大家抓鳥放生　再捕回烤鳥吃

外公馬英九傳奇

(四) 領導風格

外公馬英九的領導風格有鮮明的特色
以元首之尊
體恤下民　走入鄉土
幹起村里長的工作
為村里民排難解困
他當鎮長也拉風
出巡住民宅
他的愛不分藍綠黑白　不分男女老少

都給等量的愛
不知道為何　他的愛沒人為他
更奇怪
排解糾紛而治絲益棼
他能把小事搞得比天大
讓口水變洪水
他的領導可以扭轉乾坤　轉變天機
使天災成人禍
凡此種種盡在他的領導下
一手促成

外公馬英九傳奇

（五）忙茫大業

據說大禹治水三過家門而未入
外公馬英九效法古賢先聖
他是百分百奉獻自己
他整天整月整年都在忙
東奔西走　上山下海真是夠嗆的
春夏秋冬全年無休忙茫盲

說來也怪　送出無數天大的餅

綠林莽漢誰希罕　三更夜半腸斷愁
藍營大業進展難　化獨促統愁斷腸
忙忙茫茫盲盲盲
夜來美青姊姊若有一個淺笑香吻
天大的困難撐得過去
神州江河滐滐的浪潮
懵懵的流流流
水到渠成處便是春秋定位時

公婆的世界

這是一種進化舞台展演的新風景
公婆的美麗新世界
是外公的本來就是人家的外公
不是外公的正在成為外公
是外婆的本來就是人家的外婆
不是外婆的正在成為外婆

新風景也在朝廷之上
到處是公公ㄍㄨㄥ　ㄍㄨㄥ
有的根本就是ㄍㄨㄥ　ㄍㄨㄥ

不是公公或公公的
也盡是一些演說八卦的婆婆媽媽

遠離朝廷王公貴族的邊陲
是普世佔領的公婆新世界
好啊！新世界屬於公婆的
我們吃喝玩樂　游山玩水
我們唱歌跳舞　日夜八卦
我們真拼經濟　創造消費
我們真愛台灣　真救台灣
我們真愛中國　真救中國
我們到處組團　挽救一個個世界

看啊！另一個世界是悲慘世界
在職場內的　被層層神魔以高壓

磨　磨　磨成粉　磨出汁油
你吃汁油伴飯
你的枯骨也被拿去熬湯
他們喝高湯吃了肉丟了沒用的骨
最後傳話說
你到西方極樂世界去接經理吧

在職場外的有如孤魂野鬼
根本就是非洲野狗
到處流浪覓食
或搶食一些剩餘的腐肉

啊！悲慘世界
那些無根的物種不知道自己是誰
空有枝葉漂亮　卻開不出花

偶然開出小花也結不出果
不久葉乾　枝枯
物種重回侏儸紀
找不到出口
出口，被自己堵死了

我們這些老傢伙幸免於難
遠離悲慘世界
世界，在演化過程中我們自創
自創　才能完全掌控
老人的世界　公婆的世界
四季一樣如春
叫春　一樣動聽　一樣誘人
我們唱歌跳舞　吃喝玩樂
我們展演詩品　玩弄世界

玩，把玩，才能把世界玩的更大
弄，要弄，才能把世界弄成仙境

啊！公公婆婆媽媽
我們盡情的玩　盡情的弄
是外公的就是外公
不是外公的找外公
是外婆的就是外婆
不是外婆的找外婆
公婆的世界是我們的世界
公婆萬歲　萬歲　萬萬歲

外公外婆的上午和下午

有人跟外公外婆說
六十歲以上一年不如一年
七十歲以上一個月不如一個月
八十歲以上一天不如一天
九十歲以上下午不如上午
外公外婆現在過上午望下午

拂曉，用腳步聲敲醒沈睡的大地
一腳踩下，吸納一口芬多精
向前跨步，初昇的太陽

對我們微笑
感覺卽初生
丟在後面的腳步聲
只是一些歷史地理社會人事的八卦戰局

朋友又說
吃得愈好走得愈早
吃得愈多走得愈快
害得外公外婆勤於
耕山煮雲　餐風飲露
重溫五十年前吃不飽的日子
地瓜配薄粥
五穀雜糧不吃飽
因為下午還要散步看夕陽

以「肉身供養」的外婆們

我們只是一塊塊肉
一塊肉，可以供應眾生
讓他們吃飽
滿足精神和心理的需要

我們的世界
清冷孤獨　腐敗墮落
被神詛咒　被人恥罵
那有什麼關係
只要眾生飢渴

我們持續以
肉身供養

小記：有感於某些有點年紀的女人，仍須以肉體營生的悲情，她們正名「性工作者」。二〇一三年十二月七日　三月詩會習作　陳福成

外婆，妳是誰的情人

我是妳的天空，啊！外婆
外婆，妳是許多人的世界
這個世界，走到天涯海角
都有人在想妳
妳，是誰的歸宿、天命或玩物
外婆，妳是我們心中的歌
歌——頌揚進化舞台上恆久演出的
劇展
外婆，妳的眼神是動人的故事

在地球的每一座叢林
回眸一笑百媚生
在東方西方　南方北方
妳都是中央核心的要角
讓那些徒具空名的元配虛度一生

進化舞台不斷重新洗牌
妳是一隻無名的匿蹤戰機
誰都找不到妳
妳永遠不會被洗掉
因為妳活在許多人的心中
人人都需要一個
情人

第三輯　外婆的秘密

阮玲玉

外婆的秘密

外公對外婆很不滿
最近又吵架了
說她有問題　不然看電腦裡面
外婆堅持隱私權要維護
事情難以善了

有一天外公乘外婆不在
找來電腦高手破了外婆的密碼
嚇然發現
「外公，今年壓歲錢要給我多少？」

「小別墅外加一個名牌包。」
外公質問外婆這是怎麼一回事
外婆兇巴巴說
死鬼！我不能做做白日夢嗎？

雷峰塔裡的外公

我看到一個外公好可憐哦
他被牆關了一輩子
不，他說是被雷峰塔鎮壓著
終日對牆嘆氣　清冷比日月長
高牆四立比天高
房裡傳來獅吼聲
死鬼，去把廚房的碗筷洗一洗
真想飛出牆外看看外面的世界
舊情人也該當外婆了

當年怎沒和她比翼雙飛
側耳傾聽，幽幽牆外遠處的心跳
房裡傳來虎嘯聲
死人啊！去把後面陽台的衣服晒晒
雷峰塔鎮壓著外公
無間地獄　求出無期

感恩外公

半年了，第一次站在久臥病床的窗前
凝視，紅塵比往昔美麗溫馨
未見五濁
或許是走到世界盡頭
才發現終站未到的喜悅

曾經失血失溫
失去軀殼內許多將要報廢的零件
是妳不放棄
死拖著黑白無常不讓他們回去

是妳以絕不讓步的勇氣和不退縮的愛
把我從奈河橋上又拖了回來
黑白無常終於願意向妳致敬
空手而回

一夢醒來　見老妻淺笑
把全部的黃昏歲月
笑成明媚的春天

家有二老如有二寶

俗曰：家有一老如有一寶
吾家老寶有二
有寶真好
他們都回到了貝比時代
肚子餓了會鬧會哭
坐在地上哭　不起來
要找媽媽

外公外婆早已放棄扛起一個
地球　的重責大任

他們心中只剩媽媽
媽媽媽媽媽媽呀
兒女們扛著比地球重的責任
但媽媽媽媽呀！才是
不生不滅　不垢不淨
不增　不減

外公李將軍

外公以前肩上的星星
比天上的星星還亮還多
外公治軍嚴明
練兵充滿著火藥味

如今他摘下星星放在寶箱裡
走進廚房
開拓新戰場
煅煉酸甜苦香辣的戰略規格
成一道道沒有火藥味的家鄉菜

外公又走進書房重新學習
叫小孫女教他ㄅㄆㄇ
小孫女問
ㄅㄆㄇ我們全班小朋友都會
外公你為什麼不會？

還能抓住什麼

外公外婆的雙手向空中
抓　抓
還能抓住什麼
權力
都在侏儸紀的恐龍身上
一些人
也都去逃難了
現在唯一能緊緊握握的
老伴瘦削的雙手
牽著手
共度晨昏
就是理想國

外婆的空夢

外婆在這張床上躺十多年了
任人移來搬去
由人料理梳洗
她心理可清楚得很
外公——老伴已走了八年
近三年一兒兩女再沒來看過她
她知道，女兒在美國某大
兒子反攻大陸了

黃昏夕照　窗影

坐成一塊長長的墓碑
外婆並不心驚　她想起身
坐在空靈的墓碑前
再回憶一些少女時代的浪漫
那些肉體怎都不聽使喚了
只聽到漸近的腳步聲
一定是三年未見的兒女

外公外婆的大戰略

我在妳的世界是無形的
不爭存在與不存在的問題
一切的問題　隱而不現
妳在我的世界是隱形的
匿蹤　無從偵測
不爭名相與定義詮釋
我們的世界不立文字
教外別傳　以心傳心
喝咖啡微笑
共構愛的理想國

尊敬的外公

「乖，把下面擦乾！」
「把——把腿張開！」
「…………」靦腆搖頭
這個地方我用了一輩子
摺皺鬆緊
我最清楚
由我打掃清潔
理所當然

註：許媽媽臥床多年，不能言語，其他還好，吃飯洗澡全是許伯伯侍候。許伯伯也有兩個女兒，三個外孫女了，當外公好久了。女兒要請外勞照料媽媽，許伯伯堅持親自照顧愛妻。那晚，去醫院看他們，許伯伯正在浴室幫老伴洗澡……（二〇一三年夏天）

黃昏春色

台大校園綠油油
醉月湖邊飄逸浪漫的柳
大人小孩蘿蔔頭
外公外婆牽手散步不害羞
鳥兒跳動飛翔歌唱展新衣
好不快活

夕陽陪座湖邊賞美景
那些熱鬧繁華沒有牽動心湖的漣漪
那些燦爛的季節一幕幕閃過

就讓四季都有百花搖曳生姿
就算黃昏
外公外婆依然擁有一片醉月春色

註：例假日的台大校園繽紛熱鬧，某日黃昏見一對銀髮長者牽手散步有感。

外公牧羊

外婆走了十九年
十九年，外公以默默度寂寞
以前外婆喜歡牧羊
外公就承接外婆的一大群羊
用默默的愛心牧養他們

十九年來，外公用他一點退休俸
把孤兒院的孩子們
養得活潑可愛
外公說他們是一隻隻可愛的小羊

這一輩子，活著就要牧羊
我長大也要學外公外婆牧羊

打敗外婆

做元配
不可被抹黑
合法合理合情的坐在大位上
好好幹活
天下沒有白吃的午餐

別相信那些八卦傳說
說外婆是一隻千年狐狸精準會闖禍
其實千年萬年牠還是一隻獸
資源在握的元配怎能被一隻獸嚇走

要自信才會灑脫
莊敬自強　處變不驚
鐵定可以打敗外婆

外公外婆與日子

始終坐在窗前凝視
無關日子過與不過
上午推著下午衰老
該餵食和換尿片了，無關感傷
感傷，無關寂寞
時間的江河，沿著清理穢物方向流
屋裡，所有眼神都頹廢
接近死亡，和死神拉扯糾纏
死和不死間
神鬼都束手無策，終於導致

老和不老的人，將死和未死的人
都在時間的江河上隨波逐流
掙扎滅頂
滅頂掙扎

外婆，一種女人

在皎潔的月光掩護
夜在加持，妳
溫柔如水
溶化一切
一切雄性生物擋不住的誘惑

誘惑，黑夜和白晝都清醒
讓每個季節如春色
敞開自己成一片大地
讓他有機會深耕這塊溫潤的沃野

共享愛和陽光
啊！外婆，妳的天命
在救贖一個男人

外公和外婆

現在外公仍握著權力
只是沒人鳥他
外婆威嚴也仍在
但誰都管不動了
這兩個老傢伙成了問題
位高權重問題多
燙手啊

另外也是當外公外婆的
他們不抓權

吃香喝辣　享受浪漫
他們行事也很低調
很低　像
地下情報工作人員
對啦！他們都是搞情報的
不論連繫外公或呼叫外婆
都必須用密碼

第四輯　三月詩會

周璇
17岁时
powerapple

三月詩會

比她們還準時
每月來一次
比她們還恆久
永不間斷

每月都為要來這一次
渾身到處發癢
想這個也癢　想那個也癢
經之　營之
亦難止癢

除非撚斷一把鬍鬚
搞定詩國江山

詩國江山難以搞定
是因為到處有蠢蠢欲動的不安份者
或革命　或造反
一把烽火燒掉你建構的意境皇宮
篡奪你捕抓的意象柱牆
經典詩品瞬間化成廢墟

幸好我們吃過的鹽比任何人吃的飯多
我們走過的橋比任何人走過的路更長
薑還是老的辣
我們玩詩少說也千把年了
笑談用兵

就叫每個字詞站在最適當的位置
經典之作於焉誕生

酒足飯飽飇詩風
千歲爺們多風光
若不飇詩　恐又渾身發癢
故每月來一次
止癢

蔡英文的刀

蔡英文每天懷著一柄雪白的刀
刀不離手
睡覺時　夢境中不忘
霍霍　磨刀　試豬羊
醒後思索
向誰用刀

她本想給陳水扁最後一刀
但想到他的鮪魚肚
或許能切下一片

好吃的生魚片
留住小命　保住新鮮

蘇貞昌不須要她用刀
馬英九已被千刀追殺
小英左右思考　再磨刀
因為她聽見人民也在
磨刀　霍　霍

悼 民主政治

民主政治是一隻縱放的野獸
縱獸
歸人類大叢林中
叢林產生質變
交配、繁殖的結果
全部叢林都獸化

有聰明的獸針對特區設計機制
曰：台灣民主政治
　流行各社會層面

眾獸立法並執行
　把哲學淹死　獸不思考
　把道德流放　橫死街頭
　仁義餓莩成　孤魂野鬼
　倫理和愛心　逃至邊陲

極少數還有一點點人性的
都被控訴

失去獸道的核心價值
必須送到綠島再教育
使其獸性大發
發揮台灣民主社會的特色
彰顯於國際

終於得到國際認證
這裡　獸獸橫行　不適人居
從此以後
陽謀與陰謀公開制訂民主政治
邪魔和歪道合法推行民主社會

向國色天香進言

假日逛花市
欣賞花國眾佳麗爭奇鬥艷
有一場展覽會正在舉行
勝出的佳麗在伸展台上
最後決戰
終於　那位叫國色天香的
勇奪后冠
她果然艷冠群芳　國色天香
記者招待會上
她高高昂首　氣勢逼人

稱聲自己天生麗質
原本就是花國之王后
我愕然

不久前，妳受教於苗圃時是個好孩子
對園丁的栽培還感激在心
獲選參加花展時謙稱運氣好
如今不過一個春天的逍遙
竟說這一切是自己努力的成果

是自己本來就天生的材料
我不得不告訴妳這世間的因緣真相

當妳要成為種仔前
農化生科專家已在進行基因篩檢

打從播下種苗　陽光空氣水絕不能少
若有斷缺妳便小命不保
少了園丁的愛心耐心
妳可能早已夭折
那有今天的光艷麗姿

豐功偉業都是許多人犧牲換來
高高在上的寶座也要眾人擁護
若說妳麗質天成
不給妳陽光空氣水看如何
若說妳的成功是天意
專家園丁都不顧　妳奈何

再說延續妳的美麗
須要專家特殊的養料配方

展演妳的最佳迷人姿態
是花藝設計師的巧思智慧
一切的雨露恩澤都不能短缺
如此這般　等等栽培
妳才能長大
成為一顆耀眼的明星

希望妳記住
自我實現的源頭　來自
明心見性　飲水思源

新店溪岸散步

從師大分部一進新店溪岸
城市的繁華一刀切除
樹與風跳著慢博路斯
溪底的生物傳出歌聲
青草的香味是醒的
白鷺鷥正演出天鵝湖
遠處幾隻野狗密謀一起兇殺案
而散步的人們
無眼耳鼻舌身意
無色聲香味觸法
只剩　清淨與寂靜
無言的對話

懷念

當妳說妳是個乖女兒
不能叫媽媽傷心
我多麼想賣身到妳家
做長工　獻慇懃

如果妳是一朵溫柔的行雲
我鐵定是雨施好風景
如果妳是一座翠綠的山
我是糾纏妳四十年不走的仙靈
與妳共同傾聽清泉溪流的歌唱

感受天音地籟之精金良氤

那封不記名信裝著妳的味道
永不開封的盒子可以密封最久的情
我們是屬靈的　只在兩心通靈
才能地老天荒　永恆新

黑洞在那裡？

都說黑洞在太陽系以外
很遠、很遠……

在我看來
她就是一座黑洞
上面黑、下面黑、裡面更黑

地球只是一座比你小的黑洞
黑洞會形成一座座大山
山頭必定長出叢林

叢林最黑

我說你是黑洞你不信
問你現在幹啥——一團黑
問你為誰幹活——黑一團
問你烏紗帽……團團黑
明天握大權更黑了
簡直是黑洞的黑洞中最黑的洞

當然，世上也不是到處黑洞
很多地方不黑無洞
我說你不是黑洞你不信
用熱情和真誠就能吞噬黑洞
當你吃了黑洞
黑洞自然不會來糾纏你
這世上再也沒有黑洞

李白撈月

李白因為太喜歡嫦娥了
所以無時無刻不在
想月望月圍月捕月捉月撈月
擁月入懷
看嫦娥那裡跑

這天晚上李白又望著遼闊的夜空
凝望奪目　閃亮的月
定是嫦娥明媚的眼
叫他撲通撲通的跳

定神一看　嫦娥只隔一層水
大好機會不能放過
俗話說男追女隔座山
現在才隔層水

李白撲通一跳
嫦娥呀！哥哥潛水來找妳了

李白和嫦娥有功

自從李白得了嫦娥
在月宮中過著幸福美滿的日子
清高於世界之外
宇宙間一切黑暗永不沾鍋
把月宮建設成唯美浪漫的詩國

你是神州大地所有詩人的典範
詩人們向你學習建構美學
飚詩捕月
也想撈到一個心愛的嫦娥

於是我們拼命寫詩
只管寫詩　意外成就吾族
詩之大國
李白和嫦娥有功

三月啓示錄

陽光延續無始以來天下為公的精神
布施大地以如母親的溫暖
空氣打從誕生就用他無我的修為
供養眾生以如父親的資精
仁者都說如是我聞無常是常
我的腳印和汗水也在常或無常的三月
三月，奔走於三總與榮總之間
半路上看見小草長出嫩綠的新芽
將去的老生命和新到的小生命
為我說法　　如是我聞

眾生把握屬於自己的季節伸長手臂
擁抱晴空吸納空氣供養之德

眾神醫如華陀再世慈悲說法
我身不由己的對號入坐
退化性關節是因為那些零件被過度使用
如今不再沈默　要起來抗議
蕁痲疹提早上門　因為人不自愛
如今體內的安全部隊分不清敵我關係
還有心臟日夜操勞從未得到同情
如今他偶爾想休息一下也是應該的
你口口聲聲我佛慈悲　寬容待人
但你對他們即不慈悲　從未寬容
你若再不改善
將面臨革命造反的困境

酒問

誰說喝酒昏醉
害人害己
又誰說喝酒亂性
理性喪失

那高坐宮中的君
滴酒不沾
為何始終昏　睡
以及立法院諸公

身上聞不出酒味
怎的　也亂性
理性全失　亂成一座
瘋人院
還給酒一個清白吧

釣魚奇遇

我常在釣魚　方法不同
不用魚鉤
有時連桿、線、餌也沒有
鈎鈎只會釣起人家的痛苦
何必呢？
其他也是累贅

但其實我能釣到的很多很多
我釣風釣雨釣漣漪
香風徐來　沒有腥味
細雨濛濛　多情浪漫

而漪瀾漣漣與你心靈對話

我釣山釣海釣宇宙
釣起一座山頭
山頭也可以隨時放下或丟掉
釣五湖四海
湖海我早已混過又放下
釣宇宙也不難
只要有心有方法
有一回我真的釣到一條美人魚
即無鈎又未釣
她為什麼咬著我的桿子不放
我深知因緣大法
其中必有妙理
原來這美麗的奇遇
是我釣出了自己的天命——

第五輯 附三月詩會詩人的「外公外婆」

梅兰芳和
孟小冬

公外與外婆　十首

台客

一、想起外婆

想起外婆
就想起一首歌
如此溫馨動聽
令人流連忘返

主唱人已離我們遠去
徒留下海浪沙灘仙手掌
還有一位老船長
晚風中伴著夕陽

二、想起外公

想起外公
就想起一位慈祥老人
他住在南投鄉下
一個叫鄉親寮的小地方

小時候隨阿母返回
外公總是笑呵呵
見我調皮給我取了個
「台北流氓」的綽號

外公早已仙逝幾十年
他慈藹的影像
仍長流我心中
那是難捨記憶的親情

三、搖到外婆橋

搖啊搖搖到外婆橋
外婆說我是好寶寶
問我阿爸阿媽可都好
我說他們好得不得了

一首耳熟能詳的兒歌
勾起童年美好的回憶
而童年已離我們遠去
像潺潺流水永不回頭

四、外公與外婆

外公與外婆
除了正當的含意外
也說文解字
引申出另一種含意
外公外面的老公
外婆外面的老婆
裡面公婆只能有一位
外面公婆則多多益善
但太多了可能
也會有後遺症
最後甚至連
裡面的老婆也沒了

五、路邊的野花莫亂摘

我愛「外婆」
因為她年輕美麗
我愛「外公」
因為他善解人意

所謂家花哪有野花香
「外婆」就像野花
處處花開處處香
花兒不醉人自醉

但野花易開易凋謝
哪有家花久久長長
所謂少年夫妻老來伴
路邊的野花莫亂摘

六、「外婆」的胸器

「外婆」的胸器
雖然並不銳利
重擊之也不致受傷
但卻是十分可怕

當它們雲遮霧掩
在羅衫中或隱或現
多少「外公」被其吸引
終於不可自拔

而當它們一旦現身
一把刺進你的嘴巴
多少「外公」當場「陣亡」
臨死前還不忘咿咿呀呀

七、當「外公」遇見「公婆」

當「外公」遇見「外婆」
就像天雷勾動地火
當「外公」遇見「外婆」
就像乾柴碰見烈火

在山上在海邊
在車上在房間
兩人享受美好時光
不管外面風風雨雨

一切都是那麼神秘
一切似乎毫無破綻
直到那天東窗事發
該死的人破門而入……

八、「外婆」的嘆息

「外婆」的嘆息
如此的沉重
像一粒鉛球
直直落入了海中

誰願當別人「外婆」
若非環境之所迫
誰願當別人「外婆」
無非感情的糾葛

每天藏身黑暗處
過著無奈的日子
像一隻金絲雀囚於籠中
痴痴望著籠外的天空

九、可惡的「外公」

可惡的「外公」
竟然殺死了「外婆」
這是發生在兩岸之間
多年前的情殺案件

男的是台灣的醫生
女的是旅館服務員
雙方因開會住宿而認識
緊接著發生曖昧關係

男的貪色女的貪財
一個願打一個願挨
幾些日子甜甜蜜蜜後
最後以悲劇收場

十、古代的「外公外婆」

古代不稱「外公外婆」
而稱姦夫淫婦
姦夫該殺
淫婦必死

西門慶與潘金蓮
是最好的例子
兩人都因外遇
最後死得很慘

那時社會極度不公
男人可以三妻四妾
女子只能從一而終
死後領得貞潔牌坊一座

（二〇一三年十二月）

外公與外婆

麥穗

外婆細嫩的三寸金蓮
握在外公粗糙的掌心
甜甜的愛透過厚厚的繭
愛苗如稻田裡的秧苗
在他們心田裡滋長茁長
不久在絲竹笙簧吹奏下
拜了堂牽手進了洞房

舅舅　姑姑　我媽
都是他倆愛的結晶

親族繁衍子孫繞膝
逢年過節親人團聚
承歡膝下其樂融融
笑得倆老嘴合不攏

天災　人禍
戰亂　飢荒
兒女子孫
像被風吹起的蒲公英
東西南北飛揚遠離
留落外鄉紮根異鄉

外婆骨瘦如柴的小手
被外公緊緊地牽著
在夕陽下望著遠方

期盼歸燕的影子出現
眺著望著
望著盼著
眺望成了一杯黃土

二〇一三，十一，六　於烏來山居

外婆甜蜜的追憶

徐世澤

滿頭銀髮的外婆
帶著微笑而抱怨的語氣說
跟外公牽手散步一輩子
到老了還要她服侍

86歲的外公聽了很得意
表示過去外婆把他照顧得
無微不至
才有這麼棒的身體

沒想到一波寒流襲來
外公中風就去世
不久，外婆獨行，跌斷了腿
而只好坐上輪椅

如今，外婆才回憶
外公在世時她有所依
每天生活總是神采奕奕
日日都有盎然的生機

外婆還說：只有在外公面前
才活得自在而有意義
有時鬥鬥嘴，還是互愛互諒
在子女面前若無其事

二〇一三年十二月七日

我家大宅院

——獻給外祖父母在天之靈

丁 潁

在我小傳裡，有句話
「髫齡失恃，養於舅氏」
我雖自幼，生長在外祖父家
但我從未見過外公外婆
先慈是外祖父最小的掌上明珠
外祖父母疼愛有加，村裡人
皆稱母親為三姑娘
出閣時，嫁粧
就是外祖父家，前面

一幢二進院的大院子
有些花木果樹
大門樓子特高，青磚砌成的
燕雀常於上面營巢、飛來飛去

我出生時，外祖父母已去世
我是與舅父母生活一塊兒
三歲前的事，我全無記憶
只記得四五歲時，夜晚
常躲在大舅房裡，聽他
講述「濟公傳」裡故事
大舅在前清好像有點功名
但不是舉人秀才，人們稱他
「拔貢」老爺，我的啓蒙老師
敬齋先生亦是「貢生」出身的

母親駕鶴西去時，我正在髫齡
俗語説「一個外甥半個兒」於是
我就有舅父母撫養成人
當我記事時，舅母常講起
我家大宅裡一些傳説
有狐仙、黃鼠精，夜明珠等等的
可從未聽説起
外公外婆的事，因此有關
外祖母的生平，我一無所知
而堂屋正所，卻供奉有
外公婆的神牌位，墻上
懸掛一幅著清官服的畫像
不知是否就是外祖父

倭寇侵華，離亂年代
在烽火中，揮別生長我的大宅院
於今七十餘載，蓴鱸之思
常縈胸際，今秋得以惴返故里
我日夜夢想的大宅院啊
不見半片殘磚斷瓦，已無踪無跡
這就是人說的「滄海桑田」吧

外婆橋

謝輝煌

沒有那條愛的小船
能搖我到外婆橋
舅舅老成了一棵樹
隔座山向外公拍著小手
表姐 早就一表三千里了

※

外婆也上山很久了
山是她年輕時採茶的山
不時有老鷹在天空盤桓
有時又風也蕭蕭雨也蕭蕭

她的三寸金蓮一顛一顛
只記得
上山容易下山難的諾言
從來也不想
顛回那綠水彎彎的小河邊

一〇二、十一、二　於中和

楊貴妃

謝輝煌

當了王妃當貴妃
後宮是造人的機器
妳在前宮
　在驪山溫泉
　在長生殿的秋夜
　在沉香亭北的春風裡
掀起一波波浪漫的
愛與慾的錢唐高潮
不想當母后
也不想做外婆

情願化作一縷無主的孤魂
飄蕩在馬嵬坡濕暗的黃昏

一〇二、十一、三、新北市

變與不變

潘皓

就以現代詩為例吧
經由社會流行的語言
文化和習俗
組合而成的品牌
它就像窗外風景那麼自然
隨著時空在

變
變
變

但一首經典之作
基本上是以美學透過
那抽象的具象
勾勒出動人心弦的
之一種意境、情調與韻味
夢行的藝術
　是不
　會變
　的呀

二〇一三年十二月二日　於台北哲思工作室

即興之作

潘　皓

・

星星月亮和太陽
都是她那個
宇宙的母親用愛的乳酸之
淚水跌宕出來的呀

・

夢中的我猶為
飄泊的家
雨已歇矣，胡不歸去兮
花前那浪漫的風

我讓她處在西廂外吧

・

這時，日己落
可應未決
我不願再看到她
還在那林蔭大道的深處
漫步以沉思
徘徊而倘徉

二〇一三年十二月二日　於台北哲思工作室

母愛的懷抱

雪　飛

人生從小到大
都在「母愛」的懷抱
發育、成長
從學走路到跑步
從無知到有知
即使年老
也不會忘情於
這母愛懷抱的溫暖
人生一切幸福

都來自溫柔的「母愛」
那是外公外婆遺傳的種子
在母親生命中
不斷萌芽、滋生
開出美麗花朵
結出甜美果實

「母愛」的懷抱
永遠是安全的、溫柔的
那陪伴孩子的歌聲
一直在天空飛舞
永遠、永遠……

二〇一二年七月十七日

外公外婆

林靜助

外公當然不是內公
外婆當然不是內婆
外公的外公
外婆的外婆
沒有聚首
倒是現代的
外面老公
外面老婆
經常碰頭
老婆不知、老公不知

外婆乘時光機走了

蔡信昌

又生了她踏麻油香米
爸爸盼了十多年
終獲比萬金還珍貴的
女娃一下子醫院一下子
鑼鼓鎖鈉鞭炮齊鳴
隣居無不驚嘆
外婆乘時光機走了
夢中一覺
醒時飛過一甲子
現代外婆已入夢來

註：”醫院“是三弟意外送醫。當年都由「產婆」（自產士）來家接生。現代外公、外婆是指外面的老公、老婆。調現代社會兩性平權性開放之異相。

當天一上午三件大事，接連而已。鑼鼓·爲父親榮獲蔡姓宗會——「爐主」，滿月及週年慶皆有請戲班演戲三天三夜。（我家七男一女）。

信昌字

未謀面的外公

蔡信昌

眼鏡中溫文儒雅
博學開朗遠見的士紳
他四十一離世遨遊
三寸金蓮獨撐全家
兩女送養留四子三女
烽火中千辛萬苦
磨鍊出一門俊彥
四代家風揚世永傳
現代外公已繁衍

註：外公在我媽出嫁前三年即因肝病離世，生了五女四男，讓千金小姐的外婆（三寸金蓮），在二戰逢火中獨力養育兒女……大舅報行經理、二舅郵局主管、三舅董事長、四舅大使……外甥碩博士一堆…。

現代外公、外婆是指外面的老公、老婆。諷現代社會兩性平權性開放異相。

外公外婆

文林

永遠難忘的
是幼時外公的愛
永遠勝過父母的
是外公的寵
嫁到遠鄉後
更是最深的懷念
何時能再享受這些寵愛

常在心頭的
是外婆的慈祥

為什麼走得那麼早
從小照顧我的外婆
有了妻兒
更瞭解撫養的艱辛
還有機會回報嗎
溫柔體貼的他
又讓我憶起外公
帶著頑皮的撒嬌
又見幼時的寵愛
雖是一周一會
也能有滿足的微笑

倚著細嫩的手臂
想起外婆的懷抱
讓我來照顧她吧

讓她也享受外婆的慈祥
雖是一周一會
也能有滿足的溫馨

外婆戀曲

俊歌

多少年了
思戀妳
不能告訴妳
只有
獨自享受
歲月的折磨
品嘗那
內心的浪漫
現在

再不告訴妳
或許會　把妳忘記
因為
阿滋海默
也在
默默的想著我
想要　親近我

外公外婆

俊歌

老婆來話
女兒讓你升官了
升啥？
外公！

外婆來訊
你已被我革職了
革啥？
外公！

從此 外公和外婆
過著 幸福快樂的日子

外公

狼跋（左手書）

昔日大地主
一夕風雲變色
榮華富貴化烏有
子孫四處飄散自保命
皆因
　　改朝換代

磚窯米廠　數萬頃土地
奴婢長工環繞左右
家財萬貫　一方土豪

娶得美女（註）　家和樂
誰知　回歸祖國政策變
三七五減租　耕者有其田
長工變地主　地主成農夫
少爺小姐　不再吃香喝辣
外公闔眼前
　　無奈嘆一聲

註：外婆爲嘉義水上鄉第一美女，外公重金聘娶。

不存在的外婆

狼跋（左手書）

當年我們一見鐘情
校園海邊公園　甜密無比
隔年　我出國深造
沒說一聲
　　感情隨風而逝

那年　我們重逢
發現我已有妻小
你落淚　離去
我望著你的淚珠

神情黯然

妻發現我們曾經相愛
從此認定你是我的外婆
吵鬧一輩子
我
無奈——

附件一：現代社會外遇思潮研究

——社會現象的觀察、判斷與預測

這是一個外遇的大時代，勸天下有情人，別預設立場說這輩子永遠不會碰上外遇，要把思考重點放在外遇之後，如何劃下滿意或可接受的句點。

小說劃下句點，但真實情境中的外遇仍在進行中，這篇設計外遇爲主題，乃希望經由實際的案例觀察，來看外遇之後的一些處理模式，導致何種結局，提供有情男女參考。本文所舉案例，都是從廣泛的外遇訊息中抽離其具有代表性者，詳情早見諸媒體或出版品中，吾人不過加以歸類分析，非爲「揭人隱情」。

一、從外遇結局區分各類模式

既然這是一個外遇大流行的時代，就會有許多叫人眼花撩亂的外遇結局（含沒有結局的結局），但爲觀察了解方便，把外遇結局分成以下十種模式。

第一種「理性處理」型。影視圈的「金童玉女」袁詠儀、張智霖過著美滿的同居生活，合拍時裝廣告。近兩年張智霖星運轉佳，冷落了袁詠儀，此時有一位富商趁虛而入，袁芳心寂寞，外遇促成。但張、袁二人有共同的事業，爲免傷及服務公司形像，二人權衡輕重後，低調協議分居，處理過程理性、務實。

第二種「走向毀滅」型。八十五年藝人于楓不堪爲「第三者」，上吊自縊而死。今年星座專家陳靖怡與已婚男友李正克談判分手未成，被李一刀刺死，都震憾整個社會。惟一九九七年底最衝擊性、戲劇性的是，日本名導演伊丹十三，因 FLASH 雜誌社刊登了他的外遇情，竟跳樓自殺身亡，至今人們仍不可究詰其尋死動機。

第三種「元配退讓」型。藝人鄺美雲和呂良偉原是一對好夫妻，大陸「神秘女子」王菲麗介入，鄺美雲只得退讓離婚。女作家施寄青因外交官老公 Anbassado George Tuan 有新歡，受迫離婚而著「走過婚姻」一書。但最震憾（也可能帶動流行）者，是名作家林清玄與他的仰慕者方淳珍的外遇姻緣，元配陳秀鑾只好離婚而去。社會上普遍認爲，像林清玄這樣接近「佛」的人都會有外遇，還有誰能夠避免呢？

第四種「你搞她搞」型。男的搞外遇，女方也不干示弱，高居世界風雲榜的是英國王妃黛安娜和查理王子，查理與有夫之婦卡蜜拉舊情復燃，但女王伊莉莎白二世認爲男人有外遇沒什麼，是可以容忍的。惟黛安娜不能容忍，展開外遇報復，最後竟意外的悲劇收場，徒留淒美佳話在人間。

第五種「回頭寬恕」型。不論西方或東方社會，男人有外遇，只要他願意放棄第三者回頭是岸，原配大多能夠寬恕接納；反之較不樂觀。英國皇室菲利浦親王有外遇，但女王伊莉莎白容忍寬恕，一九九七年他們慶祝御婚五十週年，是全球皇室婚姻最佳典範。

第六種「絕對支配」型。經濟或政治力量佔有「絕對優勢」者，常能爲所願爲，主導外遇對象「呼之則來，揮之則去」。經濟絕對優勢者，如王永慶之子王文洋擁有呂安妮；大亨林百欣之有元配賴元芳外，又有賴瑞英與金寶珠，其子林建岳娶了謝玲玲，又與王祖賢有一段情。

第七種「撲塑迷離」型。此型也許雙方保密的好，也許曾經有過一夜情，媒體不斷「炒作」，苦無證據。如影星張艾嘉和蔣孝武、吳伯雄和李靜美。而一九九七年最掀波濤者，是日本首相橋本龍太郎與中共女特務李維萍的婚外情緋聞，國會質疑他的戀情損及國家安全。

第八種「仙人跳」型。不論事前被設計或事後被出賣，這是最倒霉、難堪的一種。

一九九六年八月，美國總統柯林頓的天才軍師、首席競選幕僚莫里斯，因「明星」周刊揭發他與婚外情對象蘿倫絲兩人的性關係，只好辭職，白白丟掉了大好前程。本案正是蘿倫絲自行向明星周刊揭發的，動機何在?至今無人能解，反正是被出賣了。

第九種「戀愛友誼」型。這是法國式的浪漫，婚姻關係之外還能容忍婚外愛情的存在。但有許多比較達觀者，夫妻不成退而做朋友，也能維持不錯的情誼。有現代曹雪芹之稱的名作家、李鴻章曾外孫女張愛玲，在與胡蘭成結婚後，不久胡又和一少女周訓德相戀，過不久又和一女范秀美同居。張愛玲不得已與胡蘭成離婚，但仍是朋友。此型美其名曰「愛情至上」，惟難免如張愛玲在「五四遺事」一書所說，受到新文化運動思想解放影響的知識份子，形式上是婚姻自主了，實際上仍是新瓶裝舊酒，婚姻自主、戀愛自由的結果，卻是一夫擁三妾的鬧劇結局。（于青，張愛玲傳，世界書局）我們羨慕此型之餘，恐怕是更須要深刻的反思。

第十種「死纏爛打」型。更多的外遇暴露後，各方都永不妥協，戰鬥到底。剛過逝的日本超級巨星三船敏郎，和自己公司的演員喜多川美佳有了外遇情，原配夫人幸子亦絕不退讓，三船與美佳同居多年並生有一女，三船晚年病倒，同居人美佳離他而去，原配幸子回來照顧他。三船在戲裡是巨星，戲外在兩個女人之間痛苦一生。

二、各類外遇模式利弊分析及其決定因素

外遇除了是這個時代思潮，就個人而言也是很主觀的價值判斷與選擇，嚴格說來沒有所謂「好」或「不好」，更無客觀的利弊標準。我們暫且把前述十種按照傷害程度區分：

最佳型：理性談判、回頭寬恕、戀愛友誼。

欠佳型：原配讓步、你搞她搞、撲塑迷離。

很差型：絕對支配、死纏爛打、仙人跳型。

最壞型：走向毀滅。

不論如何區分，也許都不能使人滿意。「你搞她搞」型的黛安娜王妃和查理王子，每創造一齣外遇情，便掀起世界性的飆潮焦點，但傷害不謂不大。而「原配讓步」者大多也是「夫離子散」，徒增書不盡的愛恨情仇。當然，「仙人跳型」實在百弊無利，而「走向毀滅」型是最不該發生，不管死的是那一方，都是千古之恨事。

從「最佳型」到「最壞型」，你到底可能發展成那一型，有一個關鍵過程：談判。由此決定結局，是一段決定性因素。

談判的目的是要獲取「最大公約數」，得到各方都滿意或可以接受的結局。這個結局可能是外遇結束，愛人離去；可能是終結原有婚姻關係，與外遇情人再建新家庭；也可能各種關係並存，更可能人財兩失，三方不是人。還有更多的可能……

如何經由談判趨向「最佳型」，避開「最壞型」，並能獲得「最大公約數」，須要把握技術性的外遇談判要領。詳細觀察許多毀滅性的外遇結局，就是因爲沒有把握住關鍵性要領，如星座專家陳靖怡與李正克的談判分手，時空及環境因素都不對，徒增導致不幸的必然性。

或許，比較「利多」的外遇模式，要算第十一種「絕對機密」型，此型各方情愛均潛藏於九地之下，神不知鬼不覺的進行著，在這個外遇時代的大思潮中，百分之九十九均屬此型。那些曝光於外者，能被外界捕捉到蛛絲螞跡者，在整個外遇市場中實在只佔極低的百分比。假如始終在絕對機密中進行，就不必經過談判來尋找「最大公約數」了。

並不是所有外遇結局都是可以用談判達成的，某些外遇根本沒有談判空間。伊丹十三的外遇情被雜誌曝光後，他不顧一切就跳樓自殺，毫無迴旋空間。莫里斯等於是被蘿倫絲出賣了，毫無談判機會。而政治與經濟上的強人，因爲佔有「絕對優勢」資源，外遇對象處於「絕對劣勢」狀態，不可能有公平談判。弱者只能默默接受強者的補償或任何安排，弱的一方不可有動作或聲音，否則將會造成更多的損失。

三、直接影響外遇結局的談判要領

既然談判可以決定外遇結局，想要獲得各方可以接受的結局，更是非經談判不可。不論正式與非正式談判，只要有談便要注意以下五個要領。

第一是談判情境的選擇。句含時間、地點、空間和氣氛。時間以白天最佳，晚上次之，深夜最忌。地點以公開場合較佳，避免在隱密及封閉的地方。空間之內同時有別人存在，但不影響到談判進行。空間環境應優雅寧靜，氣氛舒適宜人。當事人的心情氣氛很重要，盡管心情不好，也不能「惡劣」，心情惡劣便談不下去。這幾點基本考量都是以安全爲最高指導原則，以獲取較佳結局爲導向。

第二是談判技術的把握。人與人之間的談判，是技術也是藝術，沒有公式可套，更無定律可用，惟運用之妙存乎一心。若不得要領，則治絲而棼，化約成以下條例各項：

（一）避免情緒化，更要避免情緒失控。（二）不論是合、是離，理由都要講清楚，態度明確。（三）不可否定、攻擊任何一方。（四）保持理性、平等、尊重原則。（五）避免「單刀直入」，談話從週邊慢慢指向核心。

第三是資源分配運用。所謂「財散人聚，財聚人散」此處也適用，想要維持滿意的局面，又不想花錢，事情就不容易擺平。外遇如果形成三方談判，爭執的地方大多是如何補償損失。當損失獲得補償，可接受的條件於焉形成。千萬勿斤斤計較，將導致更不利的後果。

第四要誠心誠意。這一點看似不值半文錢，卻能影響談判過程的氣氛，當然也影響結局。不要讓人覺得你在玩弄感情，以負責的態度，誠心誠意爲各方的「好」而談。

第五是權衡利害，導向結局。那些是須要權衡的利害因素？若不讓各方看清楚、想清楚，一個好的結局也不易出現。這些利害包括：

原有婚姻關係是否維持下去？

若原有婚姻關係解體，可能的損害是什麼？

孩子或其他家人將如何？

與外遇對象結合的可能性、結果會是如何？

最大的致命傷在那裡？能否承擔？

當然最需要想清楚的是你（妳）自己，「要江山還是要人」！全贏的機率極少，要你所要，然後付出代價吧！天下沒有白吃的午餐。

這也是一個流行生涯規劃的時代。我們總規劃著自己何時讀書、留學，何時開創事業，何時成家生兒育女，退休後要如何？第二春……但我們從未規劃過外遇發生怎麼辦！對於這種人生過程中幾近人人會發生的大事，爲何不納入生涯規劃呢？這是當前社會教育的漏洞。

沒有外遇時，思考外遇問題才會沒有外遇；有了外遇，要維持或談判出好的結局，才是滿意的外遇。

四、結論：從今天看明天，看大未來

就現代社會的外遇現象，事實上已足夠「從一朵花看天堂，從一粒沙看世界」所要的「量」，因爲外遇的量很多很多，而成爲一種「普遍性現象」。學過社會科學方法論的人都知道，定律、法則和理論，都必須建構在所謂的普遍性現象基礎上，若無普遍性現象，都只能叫做「個案」或「特例」。這詮釋了甚麼？

現代社會的外遇現象，已經不是個案或特例（彼觀言每個案還是不同），但就產出的「量」，已經足稱普遍性社會現象。而且愈來愈普遍，現在大家乾脆不結婚了，隨時保留可以和任何想要的人有性自由，如此便沒有所謂的「外遇」，因爲外遇有正當性。

爲甚麼現代社會成爲一種「外遇大時代」呢？有以下幾種原因：

第一、人人內心世界想要得到性滿足的渴望，心理學家說雄性比雌性渴望的力量更強大，我則認爲無差，君不見「女人四十如虎、五十仍如狼」嗎？

第二、自古以來「控制」性的枷鎖已經銹壞（如道德、貞操、節操等），當然也可以解釋成是人掙脫了枷鎖。重建新價值觀：性自主和性自由才是道德實踐，才是愛情的自我實現，傳統所謂的「守貞」應受批判。

第三、對客觀世界的壓力，進行釋放和抵抗，以求生存，並能活的快樂些。活在現代社會，壓力日增，男女都不能逃脫壓力的侵略，性是很好的釋放管道。

第四、追求冒險刺激，實現人生最大的自由（共產社會中的解放），從衝突和背叛中實踐人生「美學」。一般而言，東方（中國爲主）美學源於和諧統一，西方美學源自背叛衝突，但現代社會在某些領域內，已無東西方之別。衝突是一種美學和藝術，矛盾中追求統一更是。

以上四點，以第四點最弔詭。本來完美（藝術之美或愛情之美）的實現有兩個途徑。在傳統社會人們期望家庭系統下的和諧統一可以達成，但受到現代價值觀的衝擊，「體制內」追求完美已不可得，只有尋找「體制外」（外遇）來達成完美的自我實現。難怪有句順口溜說，「牽著情人的手，心兒在顫抖，牽著老婆的手，像左手牽右手，一點感覺都沒有。」

適巧二〇〇五年九月間有「外交政策」期刊，邀請全球十六位精英（含新加坡李光耀），放眼未來人類社會可能的發展，竟認爲三十年內，人類的一夫一妻制婚姻會全面瓦解（九十四年九月廿七日中國時報，A14版）。果如此，這是根本解決外遇問題之途徑，因爲社會上再也沒有所謂的「外遇」了。（本文原載《青溪論壇》，台北：青溪新文藝學會，二〇〇八年十五日）

附件二：永恆的糾纏與八卦（代跋）

或許小三和小王才是人類社會最恆久的歷史故事，外公和外婆還不算最八卦的感情異化，這些話題在未來的人類歷史仍將有更多的異化發展，很有看頭！

發展，是一個舞台，詩人想要捕抓的靈感，寫成詩篇，大詩人可以經營長江黃河的長詩；各類藝文工作者以各種方式表現，如拍成電影、電視影集、舞台劇、歌劇、詩劇、電玩、布袋戲、平劇或地方戲劇；乃至寫成小說、散文，製成說書、故事集；學院派的文人可以利用這些故事發展，寫成研究論文、分析社象現象，把握潮流，提供當政者修訂婚姻制度（如現在爭議很大的「多元成家方案」，可能使小三、小王、外公、外婆有更多發展空間。）。凡此，都是這項永恆的糾纏和八卦繁榮發展，所建構出一個巨大的平台，讓許多人有工作，有一口飯吃！

這個巨大的平台，是一個巨大的舞台，先由小三、小王、外公、外婆等角色，創造能吸引眾人的話題，這是故事的素材。接著，狗仔隊、媒體記者、名嘴拼命操弄；接著，民意代表發瘋的展演擴大了新聞性，結果使流行成爲合理化，使很多人成名，成名便是一種巨大的利潤，白花花的銀子一把把入袋……

那些三線歌星、三流影星，拼了幾十年，始終很難成爲主角，沒有宣傳機會。於是，經由小三、小王、外公、外婆的設計、安排，一夕成名，一夜轟動，成爲媒體追逐的「巨星」，能不感謝小三、小王、外公、外婆乎？

同樣是大舞台上的角色之一，其他角色經營這類故事，絕大多數都能大大獲利，吸引千萬人眼睛，創造巨大市場價值。唯獨，身爲詩人的吾人，三月詩會諸君，不會利用這些故事創作利潤，因爲我們不懂如何「商品化」，從李白、杜甫就不會，所以我們也不會，以後的詩人大概也不會，詩人，只會寫詩，寫詩不能當飯吃；故，古來詩人就窮！台灣卻有一個不窮的詩人，是余光中，他懂一點「商品化」，吾人應向他學習。

現代社會說是進步到了一夫一妻制，是爲終止小三和小王的現象發生，也要避免異化成外公和外婆。但人就是這麼奇怪，如兩蔣時代禁這禁那，結果愈禁愈流行；有些東西（事情）也不怎樣，實際上只是個「廢物」，禁止令一下立刻禁成了「寶物」。

有人問我：「婚外情、三妻四妾是不是都違法？」我說：「不一定，王永慶有四個老婆，公開的，法律爲何不管？」又問：「法律爲何不管？」我說：「因爲有合法性。」合法性是什麼？懂的人懂，不懂的還是不懂！

有人問我：「妾有沒有財產繼承權？」我說：「有。」「那不是違法的嗎？」那也不一定，吾人常言世事無常，法則最爲無常！

婚姻對人生到底是加分還是減分，或根本是枷鎖？歷史上一些大哲學家、思想家，如赫拉克里斯特、柏拉圖、笛卡爾、斯賓諾莎、萊布尼茲、康德、叔本華、洛克、維根斯坦等人，爲何都終身未婚？他們質疑：人類須要終身伴旅嗎？

永遠沒有答案，永恆是一種糾纏和八卦，但小王和小三的糾纏八卦也可以經營成「愛情聖典」，成爲一種「美學典範」。就像徐志摩，他和陸小曼的愛情和詩篇，成爲文學史上的經典，有誰會在乎當時兩人都是已婚，各有家室，用現代術語說，陸小曼是「小三」，徐志摩是「小王」，二人一個是外公，一個是外婆。已婚的志摩大公開的和已婚的小曼大談戀愛，寫情書（詩），又私戀著林徽音。以下這首「這是一個懦怯的世界」，正是志摩給「小三」的情詩（陸小曼或林徽音）。

這是一個懦怯的世界

涂志摩

這是一個懦怯的世界：
容不得戀愛，容不得戀愛！
披散你的滿頭髮，
赤露你的一雙腳，
跟著我來，我的戀愛，
拋棄這個世界，
殉我們的戀愛！

我拉著你的手，
愛，你跟著我走；
　聽憑荊棘把我們的腳心刺透，
　聽憑冰雹劈破我們的頭，
你跟著我走，

我拉着你的手，
　逃出了牢籠，恢復我們的自由！

　跟着我來，
　我的戀愛！
人間已經掉落在我們的後背，——
看呀！這不是白茫茫的大海嗎？
白茫茫的大海，
白茫茫的大海，
　無邊的自由，我與你與戀愛！

順着我的指頭看，
那天邊一小星的藍——
那是一座島，島上有青草，
　鮮花，美麗的走獸與飛鳥。

快上這輕快的小艦，
去到那理想的天庭——
戀愛，歡欣，自由——辭別了人間，永遠！

當代詩人、詩評家高準先生，評徐志摩的情詩，認爲他是中國新詩史上，語言運用第一個完全成功的新詩人，成功溶滙西洋詩的特點，擴大現代中國語文的內涵；上面那首情詩爲那位「小三」而作，已非重要。它本身具有獨立、普遍的意義，具有積極的浪漫精神，是一首有引起行動之誘力的情詩。

何謂普遍意義？也就是任何男性把這首詩寄給（送）任何女性，不論她是已婚未婚，都能「誘發」她本能的愛意，產生和你「私奔」的行動力！

所以，何謂是非？何謂對錯？何謂合法與非法？又何謂倫理？何謂道德？似乎完全解體了！徐志摩的「小曼戀情」和「阿諾史瓦辛格的女管家戀情」（看報導新聞），在基本「元件」上完全相同，二者各造都是已婚。徐志摩的情詩是經典，阿諾的「魔鬼終結者」系列電影也是經典，但批判阿諾者多（持續不久），而頌揚徐志摩者更多，持續很久，是非對錯何在？

永恆的糾纏，也許回到進化論可以有較明確的答案，但進化論只能適用人以外的生物，人雖也是生物之一，用進化論解釋人類的感情異化，等於成了「退化論」，降低了我們身爲人的格調，也降低了文藝、詩學的品味，不是嗎？一切都無解，永恆的糾纏！有些糾纏成爲八卦，有些成了經典！

偷吃育一子 婚變謎揭曉

管家變小三 阿諾自己終結

中國時報 100.5.18

1月卸下州長職務後 即向妻子招認10年前的外遇
妻憤而搬出宅邸 女管家任職長達20年 今年初才退休

▲阿諾．史瓦辛格，在17日坦承與管家有一名十多歲的私生子女，是他與妻子感情生變的導火線。圖為2006年國會期中選舉時，偕同夫人瑪麗亞．薛瑞芙在洛杉磯投票，狀甚恩愛。（路透）

黃文正／綜合報導

美國加州前州長阿諾．史瓦辛格與瑪麗亞．薛瑞芙婚變的謎底揭曉！阿諾十六日向《洛杉磯時報》坦承，今年一月卸下州長職務後，他向妻子招認，十多年前，他與家中一名女管家有染，且育有一名私生子女後，薛瑞芙旋即搬出位於洛杉磯西區布倫特伍德的豪宅；該女管家在阿諾家工作已廿年，今年一月退休。

阿諾因電影《魔鬼終結者》系列而聞名全球，如今他向媒體承認婚變的關鍵，其實是自己把管家變小三，等於是自扮「婚姻終結者」的角色。薛瑞芙則是出身美國政壇最為顯赫、有如王室的甘迺迪家族，當年遭暗殺的甘迺迪總統正是她的舅舅。薛瑞芙大學畢業後投身新聞圈，在電視界頗為活躍，得過兩座艾美獎，著有六部暢銷書。

現年六十三歲的阿諾與五十五歲的薛瑞芙，本月九日突然發表聲明宣布分居，震驚各界。據《洛杉磯時報》報導，兩人婚變的導火線，是因阿諾向薛瑞芙坦承，早在首度競選加州州長之前，他便與一名長期在家中工作的女管家發生婚外情，兩人並育有一名子女，這位女管家當年也是有夫之婦。

面對《洛杉磯時報》詢問，阿諾十六日晚發給《洛杉磯時報》一封聲明函，坦言自己的婚外情，他寫道：「在卸下州長職務後，我向妻子坦承這件發生在十多年前的外遇。我知道朋友和家人們都深感憤怒和失望，這是我咎由自取。對於這場外遇，我不會卸責，並將對我造成的傷害負起全部責任。我已向瑪麗亞、孩子與家人們道歉，我真的很對不起。」

阿諾在聲明中說：「我期盼在此艱困時期，媒體能尊重我的妻子與小孩。外界可以對我的行為做出任何批評，但我的家人並未做錯什麼事。」薛瑞芙的發言人表示，她不願發表任何意見。

《洛杉磯時報》指出，在阿諾尚未發表聲明之前，該名女管家在接受該刊專訪時，還一度袒護阿諾，謊稱孩子的生父是前夫，並非阿諾。她說，她是自願退休，阿諾夫婦也給她一筆豐厚的退休金。在阿諾證實之後，她拒絕再接受採訪。為尊重阿諾要求的隱私權，該刊並未公布該名女子和男孩的姓名。

據一位匿名人士透露，打從孩子出世，十多年來，阿諾一直負起養育他的經濟責任，未來也會持續下去。阿諾與薛瑞芙結縭廿五年，兩人育有現年廿一、廿、十八與十三歲等四名子女，正好兩男兩女。

（相關新聞刊A3）

我們需要終身伴侶嗎？

■江靜玲

我坐在倫敦市區內的一所心理諮詢等候室內等待一名女友。這裡是一間專門進行情感關係諮商的診所。我帶了一本書，假裝很專心的閱讀著，眼角卻忍不住掃瞄著走進來的每一個人，以及端坐在等候室內的其他人，心裡想著：「他／她們有什麼問題？」

我覺得自己的心思有點可恥，像個進入公共澡堂，穿著衣服站池邊的偷窺者。這裡是專門進行伴侶和婚姻關係的職業心理諮詢所，走進來的每個人，一定都有著屬於自己無法承載的故事和經驗，才來尋求專業協助。

我不知道在倫敦這個大都會裡，到底有多少人因為需要一個穩定的關係、一名終身伴侶而尋求心理諮詢。但相信，數目一定十分可觀。

這個星期，英國蘭開斯特大學公布了一項研究報告指出，過去一年內，英國至少有廿萬人因為網交，成為詐騙集團詐財的受害者。行騙者瞄準受害人最大的弱點，正在於「寂寞」；另一項由英國統計局發布的數據則顯示，相較於十年前，英國四十五歲到六十四歲的獨居中年人口比率，升高了百分之三十一，從七十八萬人增加到一百三十五萬人。

關於類似的情事和資訊，反射的只是一個現代社會的小縮影，但卻再次喚起了一個歷久不衰的大議題：我們需要一個終身伴侶嗎？

這個問題，答案顯然因人而異。有人需要一個終身伴侶；有人需要終身伴侶，但不只一個；有人選擇獨善其身。

「結婚的哲學家是一則笑話。」，對於下此評論的德國哲學家尼采，終身伴侶顯然不是滿足他人生的要件。不僅如此，尼采同時指出，從最早的唯物主義學者赫拉克里特斯、古希臘哲學家柏拉圖，十七世紀三位公認最了不起的理性主義大師笛卡爾、斯賓諾莎、萊布尼茲，到十八世紀的康德和叔本華，都終身未婚。

依循尼采的觀察，或許還可以替他這份名單加上英國經驗主義的三名代表人物，英國哲學家洛克、蘇格蘭哲學家柏克萊、愛爾蘭哲學家休謨，以及廿世紀最具影響力的大哲人維根斯坦。

維根斯坦最後孤獨而終，從一般的世間角度觀看，真是再悲涼不過了。但臨終前，維根斯坦卻說：「告訴他們，我有一個美好的生命！」

蘇格拉底因為家有悍妻，婚姻很不幸福，但卻主張無論如何，還是要結婚，「如果娶到好太太，你很幸福；如果娶到暴妻，你會成為哲學家。」羅素在四段婚姻外，終身緋聞纏身，即使被批為不道德，依然我行我素；沙特終身未婚，卻有個可以隨時對彼此不忠的伴侶西蒙波娃（Simone de Beauvoir）。

翻閱不同的研究報告，不難發現，擁有穩定和諧的情感關係，對一個人的快樂平衡，甚至名利事業，都有明顯助益。但是，這並不表示，除非擁有穩定的情感關係，一個人將永遠無法快樂成功。

我們是否需要一個終身伴侶？選擇和機緣，兩者缺一不可吧。如果我們能夠培養出與自己獨處和跟他人共處的良好能力，即使在情感生活中沒有一個長期的依侍者，人生依然可以閃亮美好。

至於勉強求得，不適合的情感與伴侶，則如穿了一雙打腳的鞋子，脫掉都來不及呢！

(clchiangr@yahoo·com)

【法律保護妳】

老公有外遇 打離婚官司

文／台北市婦女新知協會提供

小豪與美美結婚七年，育有二子，半年前小豪跟美美說，想要與外遇對象共組家庭，於是要求和美美離婚，但是美美不同意，小豪因而將美美趕出家門並更換門鎖，美美數次不得家門而入，雙方因此分居。

美美最近收到法院開庭通知，原來是小豪以不履行同居義務的理由提出離婚訴訟，美美並不想離婚，而且當初是被迫分居，美美想知道小豪能利用不履行同居義務為理由達成離婚目的嗎？

桂梅君律師詳解：

依我國民法第一〇〇一條規定：「夫妻互負同居之義務，但有不能同居之正當理由者，不在此限。」婚姻係以永久共同生活爲目的而締結之身分契約，因此，婚姻當事人於婚姻關係成立後，應組成家庭，共同生活，我國民法第一〇〇一條前段規定夫妻互負同居之義務，其意義在此。故原則上夫妻有同居之義務。惟若婚姻關係存續中，夫妻之一方有不能共同生活之正當理由時，依同條但書之規定，即例外，得拒絕履行同居義務。

至於實務上，夫妻之一方不能共同生活之正當理由，例如生病、求學、工作較爲常見，如一方惡意換門鎖使他方無法進門，法院也有認爲構成前述之正當理由，使一方不能訴請他方履行同居義務。

又依我國民法第一千零五十二條第一項第五款規定：「夫妻的一方，以惡意遺棄他方在繼續狀態中，他方可以向法院請求離婚」；而司法院大法官會議釋字第十八號解釋認爲：「夫妻之一方，於同居之訴判決確定後，仍不履行同居義務，在此狀態繼續存在中，而又無不能同居之正當理由者，裁判上固得認爲合於民法第一千零五十二條第五款情形」。所以實務上，如果配偶一方要以他方未履行同居義務爲由，主張他方惡意遺棄而訴請離婚的，仍是要以他方無正當理由而仍不履行同居義務爲前提，綜合前面分析，美美只要證明係小豪換鎖造成她無法回家，且陳明願意共同生活、不願離婚之意願，小豪離婚之訴恐難勝訴。

●「女人104免費法律諮詢暨心情協談專線」：（〇二）三三九三三五七五

●專線服務時間：上午十時至十二時；下午一時至五時